Karin Rieniets

Frühling, Sommer, Herbst und Winter

Karin Rieniets

Frühling, Sommer, Herbst und Winter

Malen, formen und gestalten mit 4- bis 12jährigen

MAYER

Dem Unternehmen Hans Stockmar GmbH & Co. KG
in Kaltenkirchen sei an dieser Stelle für seine großzügige
Förderung herzlich gedankt.

Die deutsche Bibliothek - CIP-Einheitsaufnahme

Rieniets, Karin:
Frühling, Sommer, Herbst und Winter: Malen, formen und gestalten mit
4- bis 12jährigen / Karin Rieniets. - Stuttgart ; Berlin : Mayer, 2001
ISBN 3-932386-54-X

ISBN 3-932386-54-X

Layout und Typographie: Karin Rieniets, Bochum
Fotos: C. Schulte, Projekt Nordlicht, Bochum
Druck und buchbinderische Verarbeitung: druckhaus köthen GmbH, Köthen

Inhalt

Frühling, Sommer, Herbst und Winter

Schläft ein Lied in allen Dingen,
Die da träumen fort und fort,
Und die Welt hebt an zu singen,
Triffst du nur das Zauberwort.

Joseph von Eichendorff

Kleine Kinder, die noch nicht bewusst, sondern wie träumend die Welt erleben, verfügen über kein Zeitgefühl. Sie sind ganz der Gegenwart und dem Augenblick hingegeben. Erst wenn die eigenen Erlebnisse zu Erinnerungen gerinnen, entsteht Vergangenheit. Wenn die ersten Wünsche, Hoffnungen und Erwartungen im Herzen erwachen, gibt es eine Zukunft. Dann wird Zeit dreidimensional erfahrbar, nämlich gegenwärtig, vergangen und zukünftig.

Mit Beginn der Schule endet die Phase unbegrenzter Freiheit. Das Kind kann nicht mehr ausschließlich seiner »inneren Uhr« folgen, sondern muss sich einem Tagesrhythmus anpassen, der von außen mit strukturiert wird. Damit beginnt ein neuer Entwicklungsabschnitt, in dem Kinder Neues lernen und erfahren und mit wachen Sinnen und klarem Verstand die Phänomene des Lebens allmählich zu verstehen beginnen. In dem Maße, in dem der heranwachsende Mensch sich der Zeit bewusst wird, beginnt er, sich über den Augenblick zu stellen und seine Zeit selbst zu planen und zu gestalten. Zeit wird erlebt im zyklischen Wechsel von Tag und Nacht, von Morgen, Mittag und

Abend oder in der ständigen Folge von Frühling, Sommer, Herbst und Winter. Im Wechselspiel der vier Jahreszeiten können Kinder das Wachsen und Vergehen beobachten, das Aufblühen, Gedeihen und Verwelken erleben, den ewigen Wandel von Kommen und Gehen. So lernen sie, dass alles einen Anfang und ein Ende hat

und dass aus dem Alten das Neue entsteht; denn der Samen, der sich im Fruchtknoten bildet, trägt den Keim in sich, aus dem eine neue Pflanze entstehen wird.

Seit vielen Jahrhunderten sehnen die Menschen nichts so sehr herbei wie den Frühling. Früher hatte das in erster Linie existenzielle Ursachen, denn das Frühjahr bedeutete das Ende eines Kampfes gegen Hunger und Kälte. Mit Festen, Liedern, Gesängen und Tänzen wurde der wunderbare Lenz begrüßt. Aber auch heute noch, in Zeiten, die uns weitgehend unabhängig machen von den Naturgewalten, wird der Frühling freudig begrüßt. Er wird von Groß und Klein empfunden wie ein Neubeginn, der nicht nur in der Natur beobachtet werden kann, in der alles neu zu sprießen beginnt, sondern sich in den Herzen in beschwingter Lebensfreude äußert. Jubelnd ergreifen die Kinder Besitz vom Garten, den Spielplätzen, von Wald und Wiesen, die zu neuen Abenteuern einladen. Als Spielzimmer steht die ganze wunderbare Natur zur Verfügung. Der natürliche Drang der Kinder nach Bewegung kann sich voll entfalten.

Den Sommer nehmen Kinder am intensivsten mit ihrem ganzen Körper wahr; jetzt sind sie den Elementen am nächsten. Bei schönem Wetter - und in der

Erinnerung war jeder Sommer warm und heiter - brennt die Sonne auf die bloße Haut. Mit beiden Händen graben die Kinder in der Erde und im Sand, sie tauchen in das kühle Wasser ein und erleben, wie sich nach einem heißen Tag dunkle Wolken zusammenbrauen, wie sich mit Blitz und Donner und prasselndem Regen in kurzer Zeit die ganze Welt verändert. Doch der nächste Tag beginnt in wieder hergestellter Pracht und lädt zu neuen, herrlichen Spielen ein. Die Blumen auf Feld und Wiesen entfalten ihren ganzen Farbenreichtum, die Bäume verschenken süßes Obst, auf den Feldern reifen die Früchte der Erde. Der ganze Mensch lebt mehr draußen als drinnen, die Seele ist mit der Natur am innigsten verbunden.

Der Herbst ist die Jahreszeit für Entdecker und Erfinder. Jetzt können Kinder Kastanien und Eicheln sammeln, Tannenzapfen und getrocknete Früchte, bunte Blätter und allerlei Vogelfedern. Zusammen mit den mitgebrachten Fundstücken aus den Ferien, den Muscheln und Schneckenhäusern, den Rinden, Steinen, Moosen und gepressten Blüten ergibt sich eine wahre Schatzkammer von Materialien zum Schnitzen, Basteln, Verzieren, Um- und Ausgestalten. Wenn schließlich der Sturm die letzten Blätter von den Bäumen gezaust hat und die Mutter mahnt, eine warme Mütze aufzusetzen, dann wissen die Kinder, dass der Winter vor der Tür steht.

Die Natur beginnt sich zu verändern. Die Bäume werden nackt und kahl, die Wiesen verlieren ihr lebendiges Grün, keine farbigen Blumen sind zu entdecken. Graue und braune Farben geben den Ton an. Die Natur scheint zu erstarren. Eines Tages geschieht das Wunder: Die ersten Schneeflocken legen eine funkelnde weiße Decke aus abermillionen Eiskristallen über die stille Erde. Der Schnee lockt zu neuen Entdeckungen und Unternehmungen: Man kann Schlitten fahren, Schneemänner bauen, Schneeballschlachten veranstalten. Trägt das Eis auf der Pfütze schon? Wie schmeckt der Eiszapfen, der sich unter dem Fensterbrett gebildet hat? Bald schmerzen die Finger vor Kälte, der Frost und die frühe Dunkelheit treiben die Kinder zurück in die warme Stube. Jetzt gilt es, eigene Aktivitäten zu entwickeln. Dafür bietet die Adventszeit reichlich Anlässe und Motive. Draußen ist es still geworden. Mutter Natur scheint zu schlafen. Doch in ihrem Innern herrscht Geschäftigkeit, denn sie bereitet die Samen auf das neue Leben vor. Die Kinder halten sich jetzt mehr im Haus als draußen auf. Die Geborgenheit in der Familie macht ihre Herzen warm und froh.

Die vier Jahreszeiten mit ihren eigenen Farben und Festen, der spezifischen Vegetation, dem typischen Wetter eröffnen den Kindern eine Fülle von Anregungen, sich mit der Welt auseinanderzusetzen. Indem sie mit Zeichenstift, Pinsel und Farbe oder mit den eigenen Händen nachgestalten, was sie sehen und erleben, nähern sie sich den Geheimnissen der Natur. Sie können das Verhalten der Tiere beobachten, die Verwandlungen der Blüten erleben, Früchte schmecken, glatte Steine und schrundige Rinden abtasten, den Ruf des Kuckucks erlauschen, Sand durch die Finger rieseln lassen, Lehm formen, mit allen Sinnen die Welt erforschen und ihr mit der ihnen eigenen Kraft bildnerischen Ausdruck verleihen. Hier bietet sich eine wunderbare Chance, Kinder an das Wesen der Natur heranzuführen, ihre Sinne anzuregen und ihre Seelen zu rühren. Indem sie das Gesehene und Erlebte gestalterisch verwandeln, bringen sie die »Welt zum Singen«. Das »Zauberwort« dafür trägt jedes Kind in seinem Herzen.

Im Frühling sprach ein Blumenkind...

Im Frühling sprach ein Blumenkind:
Die Sonne scheint so munter,
es weht ein milder Frühlingswind,
die Welt wird immer bunter.

Dann stellt es fest voll Leid:
Ich habe gar kein Kleid!

Doch spätestens im Mai
ist dieser Schmerz vorbei.

Es trägt ein Blätterröckchen,
und kurze grüne Söckchen
und auf dem Kopf 'nen Hut,
der ist quietschgelb und steht ihm gut.

Anita Diehl

Frühlingsstimmung, Fenstertransparent

Anleitung für die Erstellung von Fenstertransparenten siehe Seite 28

Blumenkinder, modellieren mit Knetwachs

Blumen mit Modellierwachs plastisch zu gestalten ist für Groß und Klein ein besonderes Vergnügen. Jeder formt entsprechend seiner Geschicklichkeit und seinem Können. Je kleiner die Kinder, desto unbefangener lässt man sie aus ihrer kindlichen Fantasie frei gestalten. Bei älteren Kindern kann es sinnvoll sein, gemeinsam die Formen von Blüten und Blättern zu betrachten. Sind sie herz- oder lanzenförmig, rund oder länglich? Wie viele Blütenblätter hat die Blume, welche Staubgefäße und Knospen? Aus diesen Betrachtungen ergeben sich Anregungen, wie man Kleid, Blütenhut, Arme usw. gestalten kann. Am Beispiel des »Rosenkindes« wird das Gestaltungsprinzip beschrieben.

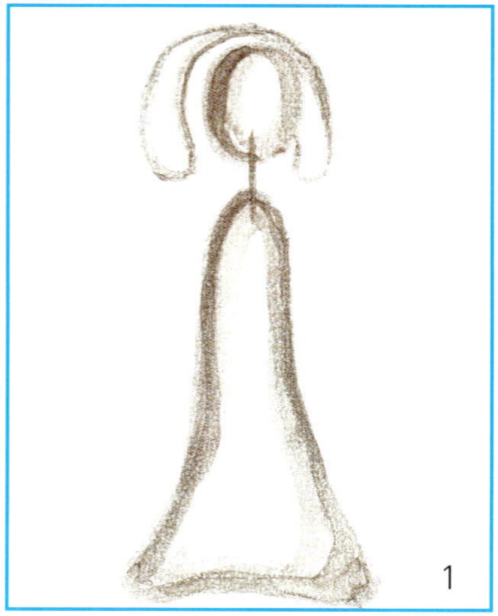

Werkzeug und Material

- **Knetwachs***
  in Weiß, Grün, Gelb, Rosa und Hellrot
- **Streichhölzer** zum Verbinden der einzelnen Teile
- **Klebwachs** zum Besfestigen der einzelnen Teile

* Wir haben mit Stockmar Knetwachs gearbeitet

1 Zuerst wird ein Grundkörper erstellt, auf dem alle übrigen Teile befestigt werden. Er soll gut anzufassen sein und eine breite Standfläche haben. Weißes Knetwachs in den warmen Händen weichkneten und zu einer circa 8 cm langen Rolle formen, konisch modellieren und eine circa 3,5 cm breite Standfläche arbeiten. Für den Kopf ein Oval formen und mithilfe eines Streichholzstückchens Kopf und Körper verbinden (siehe Abbildung 1).

2 Aus einem kleinen Stück gelbem Knetwachs ein dünnes Band formen und als Haar um den Kopf legen (siehe Abbildung 1). Am Hinterkopf mit den warmen Fingern verstreichen.

3 Für den Rock werden fünf rote und fünf rosafarbene Blütenblätter hauchdünn ausgeformt. Sie sollen dem Blatt einer Rose nachgestaltet und fast durchsichtig sein. Zuerst die roten, dann die rosafarbenen Blätter so an der »Taille« fest-

2

drücken, dass sie sich überlappen; dabei vorsichtig nach außen wölben, so dass eine Blüte entsteht (siehe Abbildung 2).

4 Für die Arme bzw. Ärmel des Kleides zwei längliche Blütenblätter modellieren, wie einen Ärmel einschlagen und dann in Schulterhöhe festkleben (siehe Abbildung 3).

3

4

5 Die Halskrause besteht aus sieben circa 15 mm langen, lanzenförmigen, grünen Blättern, die um den Hals gelegt werden (siehe Abbildung 4).

6 Für den Hut fünf rosenförmige Blütenblätter hauchdünn ausformen. Eine fingernagelgroße gelbe Kugel modellieren, mit dem Daumen platt drücken und auf den so entstandenen Kreis die Hutblätter überlappend festdrücken. Danach für die Staubgefäße winzige gelbe Kugeln formen. Das ganze Gebilde zur Blüte gestalten und mit einem Stückchen Klebwachs vorsichtig auf dem Kopf befestigen (siehe Abbildung 5).

5

Anregung

Nach dem beschriebenen Modellierprinzip lassen sich von jeder Blume Blumenkinder darstellen. Als Hut bietet sich die Blüte der jeweiligen Blume an. Die Arme können den Blättern nachgeformt sein oder wie Stängel aussehen, die z.B. Knospen tragen. Die Kleider können wie die Blätter oder die Blüte gestaltet werden. Auf der Abbildung Seite 11 finden Sie einige Anregungen.

Blumenwiese, Aquarell Nass-in-Nass

Werkzeug und Material

- **Aquarellfarben*,**
  Zitronengelb, Goldgelb, Ultramarinblau, Rot
- **Rundpinsel**
  12 und 8 mm breit, Flachpinsel 18 mm breit
- **saugfähiges Malpapier**
- **Näpfchen**
  zum Anrühren der Farbe
- **Wasserglas, Mal-Lappen, Schwamm**
- **evtl. Malbrett und Klebeband**

In der Nass-in-Nass-Technik »blühen« die Farben fast allein auf wie Blüten. Je feuchter das Papier, desto stärker zerfließen sie. Rot breitet sich stärker aus als z.B. Gelb oder Blau. Es ist ratsam, eine Probe zu machen.

1 Aquarellfarben mit Wasser anrühren, bis sie eine tintenartige Konsistenz haben. Aus den Farben Zitronengelb und Ultramarinblau ein helles und ein dunkleres Frühlingsgrün mischen. Je höher der Blauanteil ist, desto dunkler das Grün. Alle Malutensilien bereitstellen.

2 Das Papier mit dem Schwamm auf der Vorder- und Rückseite anfeuchten, dabei das Wasser einmassieren, bis das Blatt gut durchfeuchtet, jedoch nicht zu nass ist, sonst zerfließen die Farben zu stark. Machen Sie am besten eine Probe!

3 Malbogen auf ein Malbrett legen und an allen Seiten mit Klebeband befestigen. Kleinere Formate lassen sich nach dem Trocknen auch plan pressen.

* Wir haben mit Stockmar-Aquarellfarben gearbeitet

Bilder in der Nass-in-Nass-Technik zeichnen sich durch ihren stimmungsvollen, impressionistischen Charakter aus.

1

2

4 Nacheinander Zitronengelb, Goldgelb und Blau in den Pinsel nehmen, auf das Papier tropfen und zerfließen lassen. In die Mitte der »Blüten« eine Kontrastfarbe setzen. Farben evtl. nachtupfen, um die Farbe zu verstärken oder mit trockenem Pinsel wegnehmen, um sie abzuschwächen (Abb.1).

5 Stark verdünntes Blau in den Flachpinsel nehmen und den Himmel malen (Abb. 2). Auf gleiche Weise die Wiese mit hellem Grün anlegen. Mit dem feinen Pinsel und der Farbe Dunkelgrün Blätter und Stängel malen (Abb. 3). Durch das Ineinanderfließen der Farben entstehen stimmungsvolle, impressionistische Bilder.

3

Aquarell Nass-auf-Trocken

Möchte man den Blumen mehr Form und Umriss geben, sie also realistischer gestalten, wendet man die Nass-auf-Trocken-Technik an. Dafür muss das nass-in-nass angelegte Bild erst gut trocken sein. Dann werden die Blüten, Blätter und Stängel mit dem feinen Pinsel ausgemalt. Malt man nur einige Blumen im Vordergrund aus und lässt die Blumen im Hintergrund verschwommen, entsteht Räumlichkeit und Tiefenwirkung (siehe Abbildung unten).

Frühlingsbaum, Schwammtechnik

Werkzeug und Material

- **Aquarellfarben,** Gelb,Grün, Blau, Braun, Rot
- **Rundpinsel** 10 und 6 mm breit
- **Naturschwamm**
- **Malpapier**
- **Näpfchen** zum Anrühren der Farbe
- **Wasserglas, Mal-Lappen,**
- **evtl. Malbrett und Klebeband**

1 Die Aquarellfarben mit Wasser anrühren, bis sie tintenartige Konsistenz haben. Aus Gelb und Grün ein Gelbgrün mischen, aus Grün und etwas Blau ein zweites dunkleres Grün anrühren. Alle Malutensilien bereit legen.

2 Malpapier auf das Malbrett legen und an allen Seiten mit Klebeband befestigen, damit sich das Papier beim Trocknen nicht wellt. Kleinere Formate lassen sich nach dem Trocknen auch plan pressen.

3 Den Naturschwamm mit der gelbgrünen Farbe anfeuchten und dann mit dem Schwamm die Baumkrone auftupfen (Abb. 1).

4 Farbe antrocknen lassen. Den Schwamm auswaschen, mit dem dunkleren Grün befeuchten und über die vorhandene Krone tupfen (Abb.2).

1

2

3

4

5 Die Farben antrocknen lassen, danach gelbe und rote Blüten mit dem feinen Pinsel aufmalen. Tupft man noch weitere dunkelgrüne Blätter auf, gewinnt die Baumkrone zusätzlich Tiefe. Braune Farbe in den breiten Pinsel nehmen und den Stamm malen (Abb. 3).

6 Für den Hintergrund die blaue Farbe stark verdünnen, den sauberen Schwamm damit anfeuchten und den Himmel rund um Krone und Stamm auftupfen. Dabei einen weißen Rand um die Baumkrone stehen lassen, das erhöht die Leuchtkraft.

7 Für die Wiese mit dem Schwamm in beschriebener Weise verschiedene Grüntöne übereinander tupfen. Für die gelben und roten Wiesenblumen Farben in den feinen Pinsel nehmen und Punkte in die grüne Wiese setzen (Abb. 4).

Der Sommer lacht den ganzen Tag...

Der Sommer lacht den ganzen Tag,
weil er die Welt so gerne mag:
Die schönen Vogelchöre,
die Zwiebel und die Möhre,
die Kinder und die Käfer,
die Schafe samt dem Schäfer;
kein Regenwurm, kein Kümmelwurz
sind einem Sommer einfach schnurz.
Wenn's klingt und singt auf Feld und Au'n,
schlägt er vergnügt 'nen Purzelbaum.

Anita Diehl

Sommerstimmung, Fenstertransparent

Anleitung für die Erstellung von Fenstertransparenten siehe Seite 28

Vogelmobile, modellieren mit Wachsfolie und Knetwachs

Werkzeug und Material

- **Wachsfolien** in mehreren Farben
- **Knetwachsreste** zum Verzieren
- **leichten Karton** für Schablonen
- **Nadel und Messer** zum Ausschneiden
- **4 gerade Äste oder Holzstäbe** in Längen von ca. 40, 30, 24 und 20 cm oder ein fertiges Gestell aus dem Bastelgeschäft
- **Klebstoff, Blumendraht, kleine Öse, Klebwachs**
- **evtl. Plakafarbe** zum Färben des Gestells

* Wir haben mit Stockmar Wachsfolien und Stockmar Knetwachs gearbeitet

1 Für das Mobilegestell den längsten Stab in gleichmäßigen Abständen dreimal einkerben. An diesen Stellen die kurzen Stäbe der Größe nach quer einfügen und mit Klebstoff und Blumendraht befestigen. Am oberen Ende des

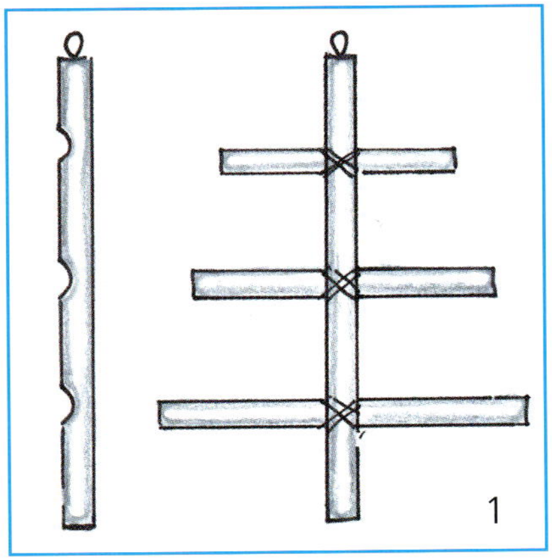

1

Stabes eine Öse zum Aufhängen anbringen (Abb.1). Das fertige Gestell kann nach Gutdünken naturbelassen oder mit Plakafarbe angemalt werden.

2 Verschiedene einfache Vogelformen auf leichte Pappe zeichnen (siehe Anregungen auf den Seiten 23 und 24) und ausschneiden. Es werden sechs Vögel benötigt. Die Schablonen nacheinander auf die Wachsfolie legen und festdrücken, mit einer Nadel umreißen und mit einem Messer ausschneiden. Für größere Schmuckteile an Flügeln und Schwanz fertigt man ebenfalls eine Schablone an und verfährt wie beschrieben.

3 Beim Verzieren gilt: alle geometrischen Formen lassen sich leicht aus der festeren Wachsfolie he-

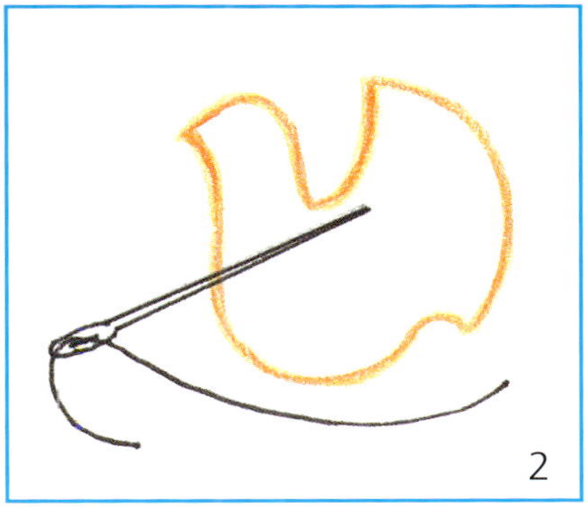
2

3

4

rausschneiden oder herausritzen. Pünktchen, Schnecken, Bänder, Ranken oder Blätter lassen sich besser aus Knetwachs formen. Da sich das Mobile dreht, müssen die Vögel beidseitig verziert werden.

4 Sind die Vögel fertig geschmückt, ermittelt man den Aufhängepunkt, indem man den Vogel auf eine Nähnadel spießt; bleibt er in der gewünschten Lage, ohne nach einer Seite zu kippen, sticht man mit der Nadel ein Loch und

zieht einen Faden hindurch (Abb. 2). Die Einstichstelle muss zusätzlich durch Knetwachs verstärkt werden.

5 Das Mobilegestell wird an der Stelle, an der sich die Quer- und Längsstäbe kreuzen, beidseitig mit Blättern verziert. Dafür Schablonen in den Größen 7, 5 und 3,5 cm anfertigen, auf grüne Wachsfolie legen, umreißen und auschneiden. Mit dem Messer Blattrippen einkerben. Die Blätter mit einem Stückchen Klebwachs versetzt befestigen (Abb. 3).

6 Für die Spitze des Mobilegestells werden zwei Sonnen benötigt, die ebenfalls beidseitig angebracht werden. Die Sonne besteht aus zwei übereinander gelegten Kreisen von ca. 6,5 und 4,5 cm Durchmesser. Für die »Sonnenstrahlen« aus einem 1 cm breiten Band Dreiecke schneiden. Die fertigen Sonnen mit Klebwachs befestigen (Abb. 4).

7 Alle Teile kräftig mit Haarspray einsprühen oder mit Klarlack lackieren. Das gibt mehr Halt und schützt vor Wärme. Mobile vor hohen Temperaturen oder direkter Sonne schützen.

Schmetterlinge, Sgraffito mit Wachsmalfarben

Das Prinzip des Sgraffito beruht darauf, dass ein fertiges Bild mit einer oder mehreren dunklen Farbschichten zuerst übermalt und danach wieder herausgeschabt wird. Die dunklen Farben erhöhen die Leuchtkraft des herausgeschabten Bildes.

Werkzeug und Material

- Wachsmalstifte- oder blöcke*
- Zeichenpapier
- Schabegerät oder Messer, Nadel, Feile u.ä.

* Wir haben mit Stockmar Wachsmalfarben gearbeitet

1

1 Der Schmetterling sollte auf einem Zeichenpapier in seinen Umrissen mit mit einem weichen Bleistift vorgezeichnet werden. Nicht zu klein arbeiten, dann lassen sich die Muster besser anlegen. Die Skizze vor dem Ausmalen leicht abradieren (Abb. 1).

2 Den Schmetterling farblich ausgestalten. Alle Ornamente und Muster satt auftragen. Vorhandene Farbflächen können übermalt werden. Dabei entstehen wirkungsvolle Mischeffekte (Abb. 2).

2

3 Den Schmetterling zuerst mit Blau, dann mit Violett kräftig überdecken. Das Bild schimmert durch die Abdeckfarbe hindurch, so dass es leicht mit einem Schabewerkzeug flächig herausgekratzt werden kann (Abb. 3).

3

4 Das fertig ausgeschabte Motiv kann nach Belieben stellenweise wieder übermalt und erneut ausgeschabt werden. Dadurch lassen sich noch nachträglich kleine Muster auftragen (Abb. 4).

4

Anleitung für Fenstertransparente

Werkzeug und Material

- **Transparentpapiere** DIN A 4, in verschiedenen Farben,
- **farbigen Karton,** z.B. Tonpapier
- **Klebstoff**
- **Schere, Tesafilm**

Diese Technik ist sehr wirkungsvoll, dabei ganz simpel, so dass bereits kleine Kinder mitgestalten können, vorausgesetzt, sie sind schon geschickt genug, einfache Formen zu reißen oder zu schneiden. Beim Übereinanderlegen der Transparentpapiere entstehen neue Farbnuancen und überraschende Schattierungen, denn jede Papierlage verdichtet oder verdunkelt den vorherigen Farbton. Es entsteht ein Wechselspiel von Licht und Farbe, das sich besonders dazu eignet, verschiedene Stimmungen darzustellen.

1 Als Erstes wählt man die Grundfarbe. In den vorliegenden Beispielen ist es ein Hellgrün für den Frühling, ein Gelbton für den Sommer, ein Orange für den Herbst und kühles Weiß für den Winter. Dieser Bogen wird mit Tesafilm an ein Fenster oder an eine Glastür geklebt.

2 Bevor man mit dem Reißen beginnt, sollte man ausprobieren, welche Farben gut harmonieren und einen schönen Mischton ergeben. Einfache »Berg-und-Tal-Formen« reißen oder schneiden, übereinander arrangieren und mit wenigen Tupfen Klebstoff befestigen. Zum Schluss die Sonne dem Bildganzen zuordnen und anbringen.

3 Für das Passepartout einen farbigen Karton wählen, der zu dem gestalteten Transparent passt, mit dem Schneidemesser zurechtschneiden und das Transparent dahinter legen; mit Tesafilm von hinten befestigen.

Der Herbst steht auf der Leiter...

Der Herbst steht auf der Leiter
und malt die Blätter an,
ein lustiger Waldarbeiter,
ein froher Malersmann.

Er kleckst und pinselt fleißig
auf jedes Blattgewächs
und kommt ein frecher Zeisig,
schwupp kriegt der auch 'nen Klecks.

Die Tanne spricht zum Herbst:
Das ist ja fürchterlich,
die andern Bäume färbste,
was färbste nicht mal mich?

Die Blätter flattern munter
und finden sich so schön.
Sie werden immer bunter,
am Ende falln sie runter.

Peter Hacks

Herbststimmung, Fenstertransparent

Anleitung für die Erstellung von Fenstertransparenten siehe Seite 28

Mandala aus Blättern, Collage

Werkzeug und Material

- Viele verschiedene gepresste Herbstblätter
- Samen, Kerne, Früchte
- Karton
- Klebstoff

»Mandala« heißt ursprünglich Kreis. Diese »Kreisbilder« findet man in allen Kulturen; sie werden zu religiösen und meditativen Zwecken benutzt. »Mandalas« wirken ausgleichend und harmonisierend auf Seele und Gemüt und fördern bei Kindern die Konzentrationsfähigkeit und Fantasie. Mit gepressten Herbstblättern lassen sich wunderschöne Mandalas legen.

1 Die Arbeit beginnt mit dem Sammeln der bunten Herbstblätter. Die Blätter sollten nicht zu groß sein, weil man schnell überdimensionale Formate erhält. Es müssen reichlich Blätter gesammelt werden, denn für das Zusammenstellen schöner Blattmuster benötigt man viel Material.

2 Unmittelbar nach dem Sammeln die Blätter zwischen saugfähiges Papier legen (z.B. Küchenpapier), mit Büchern oder anderen schweren Gegenständen beschweren, dann einige Tage trocknen lassen.

3 Bevor man mit dem Gestalten des Blättermandalas beginnt, probiert man am besten aus, welche Muster sich ergeben, wenn man verschiedene Blätter übereinander beziehungsweise gegeneinander legt oder versetzt anordnet (Abb. 1 und 2).

1

2

4 Das Blättermandala wird von innen nach außen gestaltet. Man legt zuerst die Mitte und baut dann symmetrisch weiter auf. Eine vollkommene Symmetrie der Farben und Formen ist mit den Naturmaterialien nicht zu erreichen; das hat jedoch seinen eigenen Reiz.

5 Zum Ausgestalten des Mandalas kann man auch allerlei Kerne, braune und rote Linsen, Samen oder getrocknete Früchte und Ähnliches verwenden (Abb. 3).

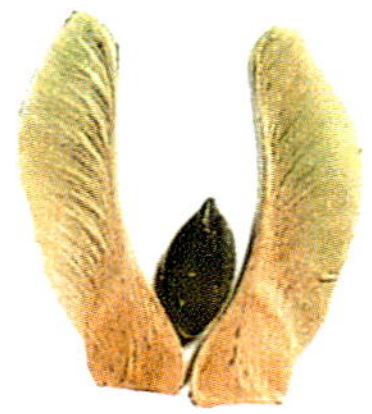

3

Hinweis

Die Abbildungen auf den Seiten 31 und 33 wollen Anregungen geben zum eigenen Gestalten. Eine detaillierte Anleitung erübrigt sich, da die Arbeit abhängig ist von den gesammelten Naturmaterialien.

Alles aus Nuss-Schalen

Werkzeug und Material

Grundausstattung

- halbe Schalen von Walnüssen
- Klebstoff, Streichhölzer, Kartonreste
- Knetwachsreste und Klebwachs
- Tempera- oder Wasserfarben

Zusatzmaterial wird im laufendem Text angegeben.

1

Marienkäfer (1, 2)
Nuss-Schale auf ein Stück Karton legen und mit dem Bleistift umfahren. Karton ausschneiden und auf die Nussunterseite (2) kleben. Die Nuss mit roter, die Eichenschale mit schwarzer Farbe bemalen. Nach dem Trocknen schwarze Punkte auf den Käferrücken tupfen und die Eichelschale mit Klebstoff als Kopf ankleben. Sechs gleichgroße Stöckchen als Beine auf den Karton kleben. Als Augen zwei weiße Knetwachskügelchen anbringen. Für die Fühler zwei Ästchen in ein Klebwachskügelchen stecken und am Kopf festkleben.

2

Schwan (3)
Einen weißen Pfeifenputzer auf circa 7 cm kürzen und wie einen Schwanenhals zurechtbiegen; diesen mithilfe eines Klebwachsstückes im Inneren der Nuss-Schale befestigen; Nuss-Schale mit weißen Vogelflaumfedern, die man fast das ganze Jahr im Freien finden kann, bekleben.

1

2

3

4

3 Schildkröte (4)

Das Innere der Nuss-Schale mit Knetwachs füllen. Vier Streichhölzer als Beine, eines als Kopf im Knetwachs befestigen. Beine mit braunem Knetwachs ummanteln und den Panzer bemalen.

5

4 Maus (5)

Aus Bucheckernschalen oder Papier zwei Ohren herstellen und aufkleben. Als Schwänzchen einen Wollfaden mithilfe eines Klümpchens Klebwachs im Inneren der Schale anbringen. Punkte als Augen aufmalen.

5 Puppenwagen (6)

Zwei Nuss-Schalen ineinanderstecken und festkleben. Als Radachsen zwei Streichhölzer auf die Unterseite kleben. Streichhölzer vorher an den Enden anspitzen, damit die Knöpfe als Räder aufgesteckt werden können. Diese eventuell mit etwas Klebstoff fixieren. Aus Knetwachs ein Püppchen formen. Aus Stoffresten ein Kopfkissen und eine Decke falten, Püppchen hineinlegen und zudecken (7).

6

7

6 Schiffe (8)

Das Innere der Nuss-Schale mit Knetwachsresten füllen. Streichhölzer mit »Segeln« aus farbigen Papieren bekleben; die »Segelmasten« in das Knetwachs stecken.

8

Gepresste Blüten und Blätter, Collage

Statt eines grauen Kartons kann man auch einen weißen oder andersfarbigen verwenden. Ausschlaggebend sind die Farben der verwendeten Blüten und Blätter.

Werkzeug und Material

- Verschiedene gepresste Blüten, Blätter und Gräser
- Grauer Karton DIN A 4, z.B. Rückendeckel eines Blocks
- Gegenstände zum Beschweren
- Farbige Papiere und/oder Deckfarben
- Klebstoff

Die Papiere für die Collage werden zu verschiedenen Formen geschnitten oder gerissen.

1 Zum Sammeln eignen sich alle Blumen, Blätter und Gräser. Unmittelbar nach dem Sammeln werden die Pflanzen zwischen saugfähiges Papier gelegt (z.B. Küchenpapier) und mit Büchern oder anderen schweren Gegenständen einige Tage lang gepresst und getrocknet.

2 In der Zwischenzeit kann man verschiedenfarbige Papiere zusammentragen. Schöne Farben findet man z.B. in Zeitschriften, Prospekten, auf Einwickel- und Schmuckpapieren und so weiter. Man kann sich mithilfe von Wasserfarben, Buntstiften oder Wachsmalfarben auch eigene Buntpapiere herstellen.

3 Aus den farbigen Papieren wird eine Collage angefertigt. Dafür das Material zu Rechtecken schneiden oder reißen oder aber freie Formen herstellen. Diese Papiere auf einem grauen Karton nach Belieben im Hoch- oder Querformat anordnen.

4 Es ist ratsam, vor dem Festkleben zunächst die Pflanzen darauf anzuordnen; sollte die Komposition noch nicht stimmen, können die farbigen Papiere beziehungsweise die Blüten und Blätter ausgewechselt werden.

5 Ist die Zuordnung zur Zufriedenheit gelungen, werden zuerst die Buntpapiere, danach die getrockneten Pflanzen mit einigen Tupfen Klebstoff befestigt. Auf diese Weise erhält man ein Bild mit überwiegend grafischer Komponente (siehe Abbildung unten).

6 Variante

Die Farben der Papiercollage werden mit Wasser- oder Temperafarben auf den grauen Karton übertragen, danach klebt man die Blüten auf. Auf diese Weise erhält man feinere Farbnuancen und einen mehr malerischen Bildcharakter (siehe Abbildung Seite 36).

Im Winter geht die Sonn'...

Im Winter geht die Sonn'
erst mittags auf die Straße
und friert im höchsten Maße
und macht sich schnell davon.

Ein Rabe stelzt im Schnee
mit graugeschneitem Rücken,
in seinen Fußabdrücken
sieht man jeden Zeh.

Der Winter ist voll Grimm.
Doch wenn die Mutter Geld hat
und viele Briketts bestellt hat,
dann ist er nicht so schlimm.

Peter Hacks

Winterstimmung, Fenstertransparent

Anleitung für die Erstellung von Fenstertransparenten siehe Seite 28

Es hat geschneit, Auswaschtechnik

Werkzeug und Material

- Zeichenkarton, eventuell Klebeband zum Aufziehen des Papiers
- Deckweiß
- schwarze, wasserfeste Tusche
- Aquarellfarben*
- Rundpinsel 8 mm, Flachpinsel 18 mm

* Wir haben mit Stockmar Aquarellfarben gearbeitet

1 Für diese Technik benötigt man ein Papier guter Qualität, weil es zum Schluss ganz durchnässt wird. Entweder man verwendet einen sehr dicken Karton oder man zieht das Papier sorgfältig auf, indem man es auf ein Malbrett legt und an allen Kanten mit Klebestreifen befestigt. Auf den so vorbereiteten Malbogen mit einem weichen Bleistift das Motiv skizzieren und leicht abradieren (Abbildung 1).

2 Deckweiß mit Wasser pastenartig anrühren, in den Rundpinsel nehmen und die Skizze mit dickem Auftrag ausmalen. Zum Schluss werden mit dem feinen Pinsel die Schneeflocken aufgetupft (Abbildung 2).

1

2

3 Wenn das Deckweiß ganz durchgetrocknet ist, den Flachpinsel mit schwarzer, wasserfester Tusche tränken und Zug um Zug das Bild übermalen; dabei nicht hin- und herfahren, damit sich das Deckweiß nicht auflöst und mit der Tusche vermischt (Abbildung 3).

4 Ist die Tusche ganz trocken, beginnt das Auswaschen. Das Malbrett neigen und unter fießendes kaltes Wasser halten. Das Deckweiß beginnt sich zu lösen, die darüber befindliche Tusche wird abgesprengt und weggespült. Dabei können sich malerische Bildwirkungen ergeben. Um Deckweißreste zu entfernen, kann man einen weichen Pinsel zu Hilfe nehmen. Es entsteht ein negatives Bild auf schwarzem Grund (Abb. 4).

4

5 Vor dem Weiterarbeiten muss das Bild wiederum ganz trocken sein, dann wird es mit Wasserfarben koloriert. Ein Passepartout, schwarz oder farblich auf das Bildmotiv abgestimmt, macht das Werk komplett (Abbildung 5).

3

5

Eiskristalle, Scherenschnitt

Werkzeug und Material

- weißes Kopier- oder Briefpapier
- weißes Transparentpapier
- Schere und Klebstoff
- schwarzes Tonpapier

Eiskristalle sind winzige Sterne von einer unvorstellbaren Formenvielfalt; kein Kristall gleicht dem anderen. Leider sind sie sehr vergänglich, auf der warmen Hand schmelzen sie sofort. Aber mithilfe von Papier und Schere kann man ihrem Zauber nachspüren und ihnen Dauer verleihen.

1 Um sich mit der Technik vertraut zu machen, empfiehlt es sich, aus einfachem Kopier- oder Briefpapier einige Probeschnitte anzufertigen. Dafür Papierquadrate mit einer Seitenlänge von 10 bis 15 cm ausschneiden.

2 Um die Grundform herzustellen, das Quadrat einmal diagonal und zweimal zur Hälfte falten (Abb. 1a bis 1c). An der oberen Kante eine Ecke herausschneiden (Abb. 1e). Dann erhält das Quadrat im aufgefalteten Zustand eine Sternenform (Abbildung 1f).

3 Danach beginnt der eigentliche Faltschnitt, indem man die Seiten einschneidet. Die Beispiele (Abb. 2a bis 2d) geben erste Anregungen. Nach

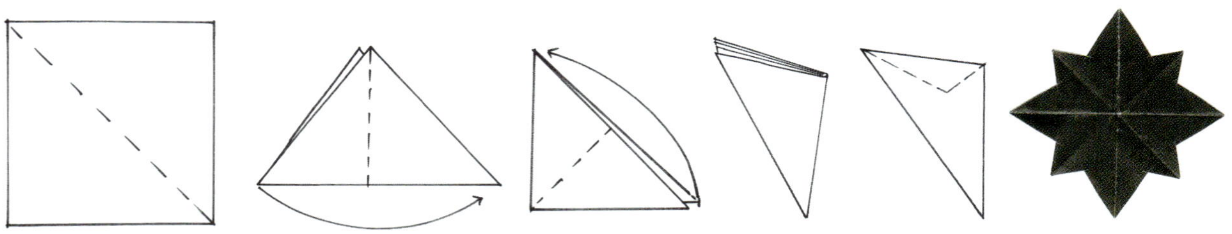

1 a 1 b 1 c 1 d 1 e 1 f

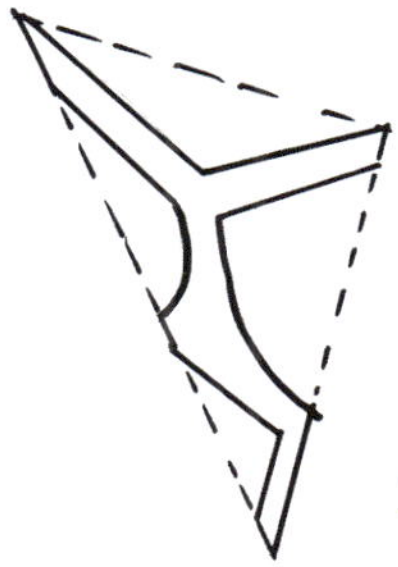

2 a

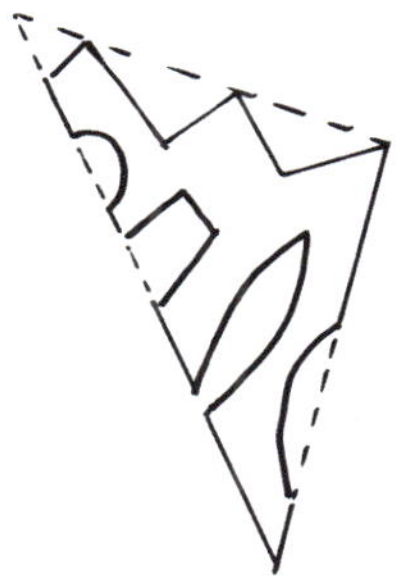

2 b

2 c

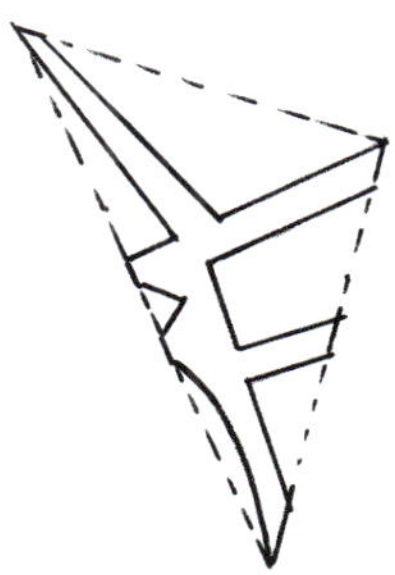

2 d

einiger Übung wird man feststellen, dass die Möglichkeiten, Formen zu schneiden, fast so vielfältig sind wie die Strukturen der Eiskristalle in der Natur.

4 Von den Probeschnitten die besten Exemplare aussuchen und auf ein schwarzes Papier kleben. Wie wirken die »Eiskristalle« auf dunkelblauem oder violettem Hintergrund? Experimentieren lohnt!

2 a - aufgefaltet

2 b - aufgefaltet

2 c - aufgefaltet

2 d - aufgefaltet

Dem Zauber eines Eiskristalls kommt man noch näher, wenn man mehrere Sternenschnitte aus Transparentpapier anfertigt und diese versetzt übereinanderlegt. Diese »Kristalle« entfalten ihre Wirkung erst, wenn man sie gegen das Licht hält beziehungsweise in ein Fenster hängt.

1 Drei circa 20 cm große Quadrate zurechtlegen und verschiedene Faltschnitte anfertigen wie unter 1 bis 3 auf den vorhergehenden Seiten beschrieben.

2 Um auszuprobieren, wie die Schnitte am schönsten übereinander liegen, die aufgefalteten Schnitte auf ein dunkles Papier legen, sie mithilfe einer Nadel im Mittelpunkt fixieren und so lange hin- und herdrehen, bis die beste Wirkung erreicht ist; an einigen Stellen festkleben. Aus weißem Transparentpapier zwei Kreise ausschneiden, Scherenschnitte dazwischen legen und an einigen Stellen festkleben.

3 Aus dunklem Tonpapier ein rundes Passepartout anfertigen, den »Eiskristall« dahinter befestigen und in ein Fenster hängen. Durch das Transparentpapier schimmern die übereinander liegenden Scherenschnitte in sanften Tönen, es entstehen überraschende Schattierungen und vielfältige Strukturen.

Kerzen kinderleicht verziert

Werkzeug und Material

- weiße oder farbige Kerzen
- Knetwachs* und Wachsfolien* in verschiedenen Farben
- Lineal, kleines Messer

*Wir haben mit Stockmar Wachsfolien und Stockmar Knetwachs gearbeitet

Das Verzieren von Kerzen mit Wachsfolien oder Knetwachs ist eine reizvolle Beschäftigung und die fertige Kerze stets ein willkommenes Geschenk. Hier soll gezeigt werden, wie schon kleinere Kinder mit ganz einfachen Mitteln zu schönen Ergebnissen kommen können.

Vor dem Verzieren die Kerze mit einem Lappen abreiben, damit die Wachsfolie bzw. das Knetwachs besser haftet. Das Wachs soll nicht zu dick aufgetragen werden, damit der Brennprozess nicht beeinträchtigt wird.

1 **Streifenkerze** (Abb. Seite 47) Umfang der Kerze feststellen. Mithilfe von Messer und Lineal verschiedenfarbige Streifen Wachsfolie ausschneiden und um die Kerze legen; Nahtstelle mit dem warmen Finger verstreichen.

2 **Adventskerze** (Abb. Seite 47): Für die Sterne aus goldener und silberner Wachsfolie mithilfe von Messer und Lineal zuerst verschieden breite Streifen, dann aus den Streifen Quadrate ausschneiden, versetzt übereinander legen und auf eine blaue Kerzen anbringen (1).

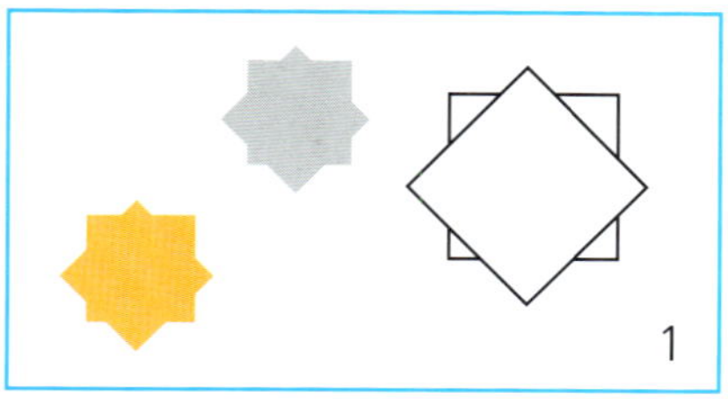

3 **Kerze mit grafischem Muster** (Abb. Seite 47):

Aus zwei verschiedenfarbigen Wachsfolien je

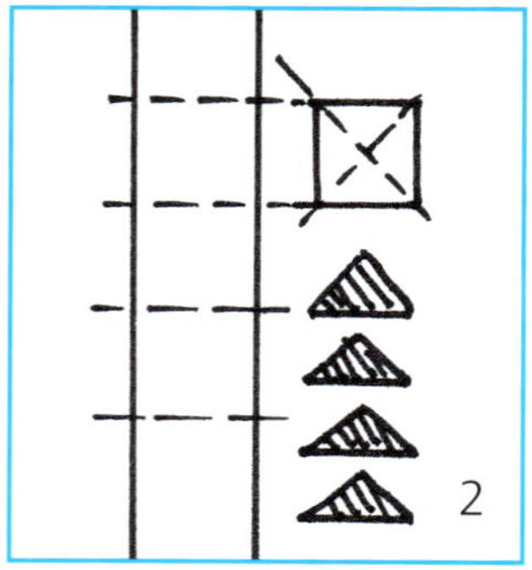

einen Streifen von circa 1,5 cm Breite schneiden, die Streifen zu Quadraten schneiden; jedes Quadrat diagonal teilen, so dass je vier Dreiecke entstehen (2). Die Dreiecke gemäß Mustervorlage (3) aufkleben.

4 **Blumenkerze** (Abb. Seite 47): Für die Punkte Kügelchen rollen und mit dem Finger platt drücken. Aus verschieden großen Punkten lassen sich einfache Blüten gestalten; formt man die Punkte oval, entstehen kleine Blätter (4).

5 **Bänderkerze** (Abb. Seite 47): Ein kleines Stück Knetwachs weich kneten, zur Rolle formen, auf einem festen Untergrund ausrollen und mit dem Daumen platt drücken. In bunter Folge die Bänder auf einer Kerze anbringen; zusätzlich mit Punkten verzieren.